새로운 문명의 시대
신석기 마을의 고래 사냥

글 정종숙 | 그림 오승민

한솔수북

울산 대곡천 계곡에서 수천 년 동안 물속에 잠겨 있다 발견된 반구대 바위 그림.(조선일보)

바위 그림이 마법을 부린 것일까요?

준호와 세인이를 먼 옛날 신석기 마을로 데려다 주었습니다.

고래와 이야기를 나누고

고래와 춤추며 노는 하얀 얼굴의 청년!

통나무배를 타고 먼 바다로 나아가

고래 사냥을 하는 사람들. 그곳엔 상상도 못한

신 나는 모험이 기다리고 있었습니다.

차례

반구대 계곡의 신비한 바위 그림 · 6

마법의 시간 여행 · 12

신석기 마을의 이상한 청년 · 19

누가 고래를 도망치게 했을까? · 26

범고래의 공격 · 40

용감한 고래 사냥꾼 · 49

고래 사냥의 역사를 바위에 새기다! · 57

삶의 기록, 시간의 기록! · 61

◆ 새로운 문명의 역사 신석기 시대는? · 62

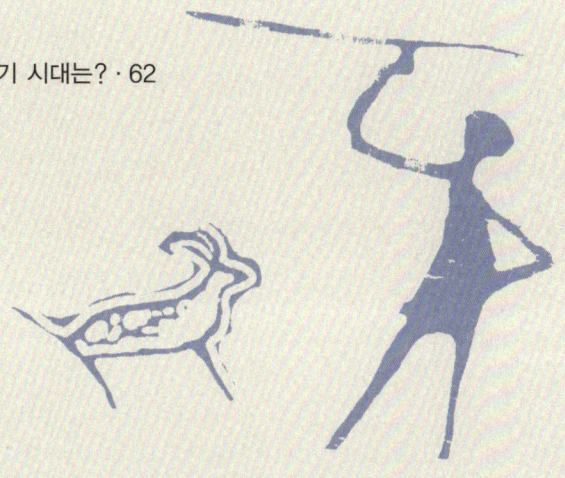

반구대 계곡의 신비한 바위 그림

"삐이, 삐이!"

준호로서는 도무지 정체를 알 수 없는 소리입니다. 반구대 계곡이 가까워지면서 영문을 알 수 없는 이상한 소리가 들려왔습니다. 삐이 삐이 하는 휘파람 같은 소리가 나는가 하면, 끼익 끼익 하는 으스스한 소리도 들렸습니다. 준호는 온몸이 움츠러듭니다. 다리가 떨려 더 이상 발걸음을 떼어 놓을 수가 없습니다. 함께 길을 나선 사촌 동생 세인이를 바라봅니다. 하지만 세인이는 아무렇지도 않은 듯한 얼굴입니다. 틀림없이 이상한 소리를 들었을 텐데 말이죠. 그래 오빠인 내가 겁먹으면 꼴이 말이 아니지! 마음을 굳게 다져 보지만, 준호 입에서는 전혀 다른 말이 튀어나와 버립니다.

"우, 우리 그만 집으로 돌아가자."

"여기까지 왔는데? 난 꼭 가 보고 싶어."

세인이는 반드시 반구대 계곡에 가고야 말겠다는 태세입니다.

'그래. 진정한 모험가는 두려움을 이겨 내야 하는 거야.'

준호는 이제 와서 사촌 동생한테 웃음거리가 될 수 없다고 생각하며 주먹을 불끈 쥐었습니다. 뚜벅뚜벅! 다리에 힘을 주고 앞만 보고 걷는 사이 어느덧 반구대 계곡에 다다랐습니다.

"오빠, 저것 좀 봐! 무시무시한 절벽이야!"

반구대 계곡은 깎아지른 바위 절벽입니다. 그 아래로 검푸른 물살이 바위 절벽을

따라 이리저리 부딪치고 소용돌이치며 흘러갑니다. 아이들쯤은 금방이라도 삼켜 버릴 것 같은 무서운 기세입니다. 준호는 그래서 외할머니께서 여기에 못 오게 한 것이라고 생각합니다. 풍덩 하는 소리에 고개를 돌려보니 세인이가 계곡물에 돌을 던지고 있습니다. 바로 그때였습니다.

"삐이, 삐이."

아까 들었던 바로 그 이상한 소리가 또다시 들려옵니다. 계곡 물살이 바위 절벽에 부딪칠 때마다 하얀 물거품이 일어났는데, 그 속에서 소리가 나는 것 같았습니다.

"세인아, 저 소리 들려?"

"응. 혹시 이 계곡에 고래가 사는 게 아닐까?"

"바보. 넌 고래가 바다에 사는 동물이라는 것도 몰라."

"그건 나도 알아. 하지만 아빠가 그랬는걸. 물속에서 고래들이 이야기할 때 삐이 삐이 휘파람 소리를 낸다고."

"그럼 끼익 끼익 하는 소리는?"

"짝을 구하는 소리라고 그랬어."

외삼촌이 그랬다고? 준호는 믿을 수 없다는 듯 나지막이 되뇌어 봅니다. 외삼촌은 고래라면 무엇이든 잘 아는 척척박사입니다. 그렇다면 고래 소리가 맞긴 맞을 텐데. 하지만 준호는 이내 고개를 잘래잘래 흔듭니다. 정말 외삼촌이 알려 준 고래 울음소리와 비슷하다고 하더라도, 여기에 고래가 있을 리 없었습니다.

"와!"

이번에도 세인이가 무언가를 찾아낸 모양입니다.

"야, 대단하다!"

심드렁한 얼굴로 세인이가 가리키던 곳을 보던 준호 입에서도 감탄이 흘러 나왔습니다. 계곡 바위에 수많은 그림들이 그려져 있는 게 아닙니까. 햇살을 받아 반짝반짝 빛나는 멋진 바위 그림이었습니다.

"오빠, 우리 저 그림이 있는 쪽으로 건너가 보자."

세인이는 준호의 대답이 떨어지기도 전에 바위 그림이 있는 절벽으로 쪼르르 달려갑니다. 다행히 바위 그림이 있는 절벽 쪽은 물이 얕았습니다. 밑바닥이 훤히 드러나 있어 얼마나 다행인지 모릅니다.

"오빠! 고래야, 고래! 바위에 고래가 그려져 있어."

"정말 대단하다. 생물도감에서 본 고래를 그대로 다 옮겨 놓은 것 같아."

바위에는 물을 뿜고 있는 고래, 해초 옆에서 노는 고래 같은 갖가지 고래들이 그려져 있었습니다. 새끼를 등에 업은 어미 고래도 있었고, 크고 작은 고래들이 꼬리를 흔들며 몰려다니는 모습도 보였습니다. 호랑이와 같은 뭍짐승도 함께 그려져 있습니다. 모두 바위를 하나하나 쪼아서 새긴 신기한 그림입니다. 어찌나 많은 동물들을 그려 놓

있는지 헤아릴 수가 없습니다. 그 가운데서도 준호 눈을 확 사로잡은 것은 고래 그림입니다. 바위에 그려진 고래를 보고 있는 동안 준호는 가슴이 쿵쾅거렸습니다. 커다란 자석이 끌어당기는 것 같습니다. 좋아하는 여자 친구의 손을 잡았을 때처럼!

"오빠, 여기 좀 봐. 이건 또 뭐지?"

세인이가 가리킨 곳에는 사다리꼴처럼 생긴 몸집에 다리와 작은 뿔을 그려 넣은 그림이 있었습니다.

"사슴 같은데?"

수많은 고래와 사슴 그림. 보면 볼수록 신기한 바위 그림입니다.

"대체 누굴까? 바위에 이런 그림을 그린 사람이?"

"그러게. 왜 바위에 그림을 그렸을까?"

준호는 사슴 그림을 쓱 만져 봅니다. 그러고는 살며시 눈을 감고 바위 그림을 그린 화가를 꼭 만나 볼 수 있으면 좋겠다고 생각합니다. 그때 놀라운 일이 일어났습니다.

"악!"

갑자기 바위 그림에서 강렬한 빛이 쏟아져 나와 준호와 세인이를 휘감는 것입니다.

"세인아, 내 손을 잡아!"

가까스로 세인이가 준호 손을 잡았습니다. 하지만 점점 강하게 빛의 회오리바람이 쌩쌩 휘감습니다. 그렇게 두 사람은 바위 속으로 빨려 들어갔습니다.

신석기 시대로 안내하는 신비한 바위 그림!

경남 울산시 울주군 언양읍 대곡천 계곡. 바위 그림이 발견된 곳은 대곡천의 가파른 절벽이에요. 이곳 절벽 한가운데 반구대라는 바위가 있지요. 반구대는 높이 8미터쯤, 너비 2미터쯤에 이르는 바위로, 거북이 납작 엎드린 모양의 바위란 뜻이에요. (시몽포토에이전시)

마법의 시간 여행

톡! 도토리 하나가 준호 얼굴 위로 떨어졌습니다. 그제야 정신을 차린 준호는 벌떡 일어나 둘레를 둘러봅니다. 어, 여기가 어디야? 한 번도 본 적이 없는 낯선 숲입니다. 도토리를 매단 우람한 굴참나무들이 가득합니다. 하나같이 키가 크고 굵은 나무들입니다. 그런데 세인이가 안 보입니다.

"세인아!"

준호의 다급한 목소리가 쩌렁쩌렁 숲 속에 울려 퍼졌습니다.

"오빠, 나 여기 있어."

세인이의 목소리가 들린 곳은 저만치 떨어져 있는 굴참나무 뒤쪽입니다. 준호는 재빨리 그쪽으로 달려갔습니다. 세인이도 굴참나무 아래 쓰러져 있었던 모양입니다. 준호가 다가갔을 때, 막 일어나고 있던 참이었습니다.

"괜찮아? 어디 다친 데는 없어?"

"응. 괜찮아. 그런데 여긴 어디야?"

"나도 모르겠어."

이리저리 숲을 둘러보던 세인이가 이상하다는 듯 고개를 갸웃거리며 말했습니다.

"우리가 바위 그림 속 세상으로 들어온 건 아닐까?"

그때 또 다른 굴참나무 뒤에서 "맞아!" 하는 소리가 들렸습니다. 준호와 세인이는 약속이라도 한 것처럼 같이 그 굴참나무 뒤로 다가갔습니다. 하지만 아무도 안 보였습니다. 틀림없이 사람 목소리였는데? 잘못 들은 것일까? 준호는 도무지 갈피를 잡을 수가 없었습니다. 반구대 계곡부터 참으로 이상한 일이 이어졌습니다. 바위 그림에서 빛이 나와 몸을 휘감은 것도 그렇고, 낯선 숲에 와 있는 것도 그렇습니다. 준호는 이 숲을 빨리 빠져나가야겠다는 생각밖에 없었습니다. 그때 쓰르륵 쓰르륵 하는 소리가 키 큰 넝쿨 사이에서 들려왔습니다.

"누, 누구세요?"

"이제 깨어났구나. 너희가 깨어나길 얼마나 기다렸는데."

넝쿨 사이에서 모습을 드러낸 목소리의 주인은 놀랍게도 사람이 아니었습니다. 사슴입니다. 작은 뿔이 달린 암사슴 말이죠. 사슴은 뿔로 암컷인지 수컷인지 나눌 수 있다는 것쯤은 준호도 알고 있습니다. 수컷의 뿔은 암사슴보다 훨씬 큽니다.

"어, 사슴이 말을 하네."

세인이는 신이 났습니다. 다정하게 사슴뿔까지 만져 가며 이야기를 나눕니다.

"오빠와 난 여기가 어딘지 모르겠는데, 넌 알고 있어?"

"그럼. 여기는 반구대 신석기 마을 숲이야."

신석기 마을이라고? 준호는 자기가 아주 먼 옛날로 왔다는 것이 도무지 안 믿어졌습니다. 더 이상 궁금증을 참을 수 없었던 준호가 드디어 입을 열었습니다.

"우리가 어떻게 여기에 온지도 알고 있어?"

"생각 안 나? 네가 바위 그림을 그린 화가를 만나고 싶다고 했던 거."

"그럼 넌? 설마?"

준호 말을 알아들었다는 듯 사슴은 빙긋이 웃기만 합니다. 그 순간 숲이 환해졌습니다. 사슴의 웃음이 만든 마법일까요? 아니면 태양이 굴참나무 숲으로 고개를 내민 탓일까요? 거의 동시에 일어난 일이라 준호는 알 수가 없었습니다. 다만 태양이 만들어 낸 사슴의 그림자를 본 것만은 틀림없습니다. 길게 드리워진 사슴의 그림자!

"와! 바위 그림 속 사슴하고 똑같아."

그림자는 금방 생겼다 사라져 버렸지만, 세인이도 그걸 안 놓치고 본 모양입니다.

설마 했는데, 신석기 시대로 오다니! 준호의 바람이 이루어진 것입니다. 준호는 지금까지 품고 있던 모든 경계를 풀었습니다.

사슴은 두 사람을 신석기 마을이 보이는 곳으로 데리고 갔습니다. 숲 가장자리에 이르자 저 멀리 바닷가 마을이 보입니다. 옹기종기 움집들이 모여 있는 아늑한 마을입니다.

갈대로 만든 원추형 지붕이 피라미드처럼 바닥에 세워져 있는 움집. 서울 암사동 선사 유적에서 본 바로 그 움집입니다. 준호는 온몸이 짜릿해져 왔습니다.

"여기서부터는 너희끼리 가야 해!"

사슴은 숲을 벗어날 수 없다며 준호와 세인한테 반드시 지켜야 하는 원칙을 알려 주었습니다.

"물에 들어가면 절대 안 돼."

"왜?"

"마법이 풀려 버려서 너희한테 위험한 일이 생길 수도 있어."

마법이라는 말에 준호와 세인이는 거의 동시에 눈이 마주쳤습니다. 그러고는 천천히 고개를 돌려 다시 사슴을 보았습니다.

"신석기 마을 사람들이 너희를 볼 수 없게 내가 시간의 마법을 걸어 놨거든."

준호는 사슴 말이 떨어지기가 무섭게 자기 몸부터 살펴봅니다. 옷도 신발도 그대로입니다. 바뀐 것은 아무것도 없었습니다. 세인이를 봐도 마찬가지입니다.

"너희 눈에는 있는 그대로 다 보여."
 우리는 그대로인데 신석기 마을 사람들한테는 우리가 안 보인다? 단, 물에 젖으면 우리 모습이 드러나 위험할 수 있으니 물을 조심해라! 이것이 사슴이 알려 준 중요한 사항입니다.

"바위 그림을 그린 화가는 너희 스스로 찾아야 해. 알겠지?"
"응."
시슴이 알려 준 길을 따라 준호와 세인이는 신석기 마을로 떠났습니다. 드디어 준호가 그토록 바라던 모험이 시작된 것입니다.

역사스페셜박물관

사슴 무늬 비교

너, 사슴? 난, 고래!

부산 동삼동 사슴 무늬 토기와 반구대 바위 그림 속 사슴 무늬를 견주어 보세요. 비슷한 방법으로 그려져 있죠. 하지만 그와는 다르게 청동기 시대의 사슴 무늬는 뿔이 유난히 강조돼 있습니다. 따라서 사슴 무늬 토기는 반구대 바위 그림이 신석기 시대 사람들의 작품이라는 것을 알려 준 중요한 증거라고 할 수 있습니다. 왜냐하면 사슴 무늬 토기가 신석기 시대 유물이니까요.

부산 동삼동 사슴 무늬 토기
(부산박물관)

반구대 사슴 무늬
(사계절출판사)

청동기 시대의 사슴 무늬
(국립중앙박물관)

조개더미 유적

조개더미에서 발굴된 석기들

복원된 신석기 시대 움집

신석기 사람들이 살았던 움집은 서울 강동구 암사동의 선사 시대 유적지에 복원되어 있습니다. 움집은 60~70센티미터쯤 땅을 판 다음 기둥을 세우고 그 위에 동물 가죽이나 갈대를 덮어 만들었습니다.
(시몽포토에이전시)

조개더미는 바닷가에서 살았던 신석기 시대 사람들이 조개껍데기와 함께 내다 버린 물건들이 흙에 덮이고, 또 그 위에 물건들이 쌓이기를 반복하면서 커다란 무덤처럼 쌓인 유적입니다. 조개껍질에는 석회질 성분이 들어 있어서 그 안에 있는 사슴 무늬 토기 조각과 같은 신석기 시대 유물들이 그대로 남아 있게 된 것입니다. 그래서 조개더미 유적은 신석기 사람들의 생활상을 연구하는 생활사 박물관이라고 할 만큼 소중한 유적입니다. (부산박물관)

신석기 마을의 이상한 청년

철썩철썩 파도가 밀려오고 밀려가며 노래하고 춤추는 아름다운 신석기 마을입니다. 바닷가의 큰 돌에는 통나무배가 매어져 있고, 마을 움집들은 바닷가에서 얼마만큼 떨어진 곳에 옹기종기 모여 있습니다. 집집마다 움집 앞에 놓인 커다란 돌 위에는 고기잡이에 쓰는 그물이 널려 있습니다. 준호는 신석기 마을에 그물이 있다는 게 그저 놀랍습니다. 이 마을에 오기 전까지 준호는 신석기 사람들이 돌도끼나 들고 뛰어다닌 줄로만 알았습니다. 그런데 신석기 사람들이 그물까지 쓰고 있다니 놀라지 않을 수 없었던 것이지요.

준호는 신석기 마을에 점점 빠져 들었습니다. 세인이도 호기심 가득한 눈으로 마을을 둘러보느라 정신이 없었습니다. 마을 빈터에는 아이들이 개와 뛰놀고 있었고, 움집 옆 텃밭에는 아줌마들이 호호 하하 웃으며 씨앗을 뿌리고 있었습니다.

"신국아!"

움집에서 작살을 들고 나온 아저씨가 누군가를 부르며 두리번거리고 있습니다. 아저씨의 우렁찬 목소리에 마을 남자들이 하나 둘 모여들었습니다. 남자들 손에는 저마다 작살이 쥐어져 있습니다. 남자들이 아저씨를 빙 둘러섰습니다. 신국이를 찾으며 부르던 아저씨가 모여든 남자들을 훑어봅니다. 그러다 어느 순간 얼굴이 일그러집니다. 어찌나 무서운 얼굴인지 준호는 다리가 후들후들 떨렸습니다. 돌아보니 세인이도 겁먹은 얼굴입니다. 후유! 사슴이 마법을 걸어 준 것이 얼마나 다행인지 모릅니다. 만약 저 아저씨한테 붙잡히면 큰일 날 것 같았습니다.

"이 녀석이 또 달아났어! 내 이번에 붙잡으면 가만히 안 둘 테다."

탕! 탕! 탕! 화가 난 아저씨는 작살로 땅을 내리쳤습니다. 그 바람에 땅이 움푹 파여 버렸습니다. 그때 나이가 가장 많이 들어 보이는 할아버지가 아저씨를 말리고 나섰습니다.

"그만 하시게. 어쩌겠는가. 신국이는 마음이 여려 짐승이라고는 못 잡으니 말일세."

"남자가 사냥을 못하면 어디다 쓰겠습니까? 반드시 녀석의 손에 작살을 들려서 사냥을 하게 만들 겁니다."

"어허. 자네도 참 어지간할세. 이제 그만 바다로 나갈 시간이야."

할아버지가 고개를 들어 해를 바라보며 말했습니다. 준호와 세인이도 할아버지를 따라 하늘을 바라봅니다. 해가 마을 한가운데를 비추고 있습니다. 할아버지는 해의 위치로 시간을 가늠하는 것 같습니다.

"고래를 잡으려면 이때를 놓치면 안 돼. 어서 다녀오시게나."

고래 사냥을 간다고? 야, 신 난다! 준호는 아저씨를 따라가서 고래 사냥을 구경해야겠다고 생각합니다. 곧이어 아저씨가 작살을 곧추세워 들고 할아버지께 인사를 한 뒤 통나무배가 있는 곳으로
떠났습니다.

마을 남자들도 아저씨를 뒤따릅니다. 무서운 아저씨가 신석기 마을의 고래 사냥 대장인가 봅니다.

"우리도 가 보자!"

준호는 세인이와 함께 고래 사냥을 떠나는 남자들 뒤를 졸졸 쫓아갑니다. 텃밭에서 씨앗을 뿌리던 아줌마들이 저만치서 손을 흔들며 남자들을 배웅합니다. 그런데 마을 어귀에 서 있는 커다란 굴참나무 밑을 지나갈 때였습니다. 준호는 나무 위에서 누군가가 보고 있다는 느낌이 들었습니다.

아니나 다를까. 눈길을 돌리자 굴참나무의 굵은 가지 위에 얼굴이 하얀 청년이 걸터앉아 있었습니다. 나뭇잎이 우거져 있긴 해도 준호는 청년의 얼굴을 똑똑히 보았습니다. 세인이의 옆구리를 쿡 찔러 나뭇가지 쪽을 보라며 손으로 가리켜 주었습니다. 세인이도 청년을 보았습니다. 청년은 고래잡이를 떠나는 사람들을 지켜보고 있었습니다.

'누굴까? 아까 그 아저씨가 찾던 신국이라는 형인가 봐.'

준호가 이리저리 생각을 하고 있는 사이, 청년이 나무에서 내려왔습니다. 그러고는 어디론가 쏜살같이 달려갑니다. 준호는 고래잡이에 나선 마을 사람들을 바라보며 누굴 따라가야 하나 잠깐 망설입니다.

그 사이에 세인이가 저만치 청년을 쫓아가고 있었습니다. 준호는 이럴 땐 세인이가 고맙기까지 합니다. 생각이 많은 준호는 망설이느라 행동이 느린 편인데, 세인이는 안 그렇습니다. 세인이는 늘 행동이 앞섭니다. 준호는 재빨리 세인이를 뒤따라갑니다.

산등성이를 돌아 바다에 이르자 드디어 청년이 멈춰 섰습니다. 고래 사냥을 떠난 마을 사람들과는 정반대 쪽입니다.

"삐이, 삐이!"

바다로 첨벙첨벙 들어간 청년이 휘파람을 불었습니다. 길고 굵게. 준호는 그 소리가 낯설지 않았습니다. 어디서 들었더라? 그래, 반구대 계곡에서 들려오던 그 소리야! 준호는 바닷가의 커다란 바위 위에 걸터앉았습니다. 세인이도 나란히 앉았습니다. 물에 젖으면 안 되니까요.

"삐이, 삐이!"

청년이 다시 한 번 길게 휘파람을 불었을 때, 놀라운 일이 벌어졌습니다. 삐이 삐이 하는 소리와 함께 바다에서 커다란 물기둥이 솟구쳐 올랐습니다. 뒤이어 고래가 물 위로 올라오는 게 아니겠습니까. 이렇게 바다에서 고래를 직접 볼 수 있을 것이라곤 상상조차 못한 일이었습니다. 물 밖으로 나온 고래는 숨을 쉬는 것처럼 콧구멍으로 물을 뿜어냅니다. 그때마다 커다란 물기둥이 일어납니다. 정말 멋집니다.

"오빠, 고래가 저 오빠 쪽으로 헤엄쳐 가고 있어!"

들뜬 세인이가 바위 위에서 팔짝팔짝 뛰며 소리쳤습니다.

"저 형도 고래 쪽으로 헤엄쳐 가는데!"

이번에는 준호가 소리쳤습니다. 몸집이 산만 한 고래가 헤엄칠 때마다 커다란 파도가 일어났습니다. 그러나 청년은 파도를 전혀 마음에 안

두고 고래 쪽으로 헤엄쳐 갑니다. 둘 사이의 거리가 차츰 좁혀지자 고래가 멈춰 섭니다. 그러자 기다렸다는 듯 청년이 고래 등에 올라탔습니다. 신기하게도 고래는 온순한 양처럼 가만히 있습니다. 청년이 고래목을 끌어안고 끼익 끼익 하는 소리를 내지릅니다. 이번에는 고래가 그 소리를 받아 끼익 끼익 대꾸합니다. 이 소리 또한 반구대 계곡에서 들었던 바로 그 소리입니다. 조금 뒤 고래는 청년을 내려놓고 바다 속으로 사라져 버렸습니다.

"저 오빠랑 고래랑 이야기한 것 같지 않아?"

"내 생각도 그래. 저 형과 고래는 친구인 게 틀림없어!"

그렇다면 청년과 고래는 무슨 이야기를 나눈 것일까요? 어떻게 고래와 친구가 된 것일까요?

역사스페셜박물관

반구대 그물 사냥

그물을 처음으로 발명한 때는 신석기 시대입니다. 반구대 바위 그림에도 그물을 치고 짐승을 잡는 모습이 그려져 있습니다. (사계절출판사)

동삼동 조개더미 유적에서 발견된 그물 무늬 토기

이 토기 조각은 신석기 시대의 조개더미 유적에서 발견된 것입니다. 그런데 토기 조각에 찍혀 있는 무늬를 자세히 보세요. 고기잡이 그물의 무늬입니다. (국립중앙박물관)

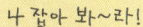

동삼동 조개더미 유적에서 발견된 그물추

이것은 납작한 돌을 깎고 갈아서 만든 신석기 시대의 그물추입니다. 고기잡이 그물에 매어 쓰는 신석기 시대의 유물이지요. '그물추'와 '그물 무늬 토기'는 신석기 시대에 처음으로 그물이 발명된 것임을 알려 주는 중요한 유물입니다. (부산대학교박물관)

누가 고래를 도망치게 했을까?

뿌웅! 뿡!

붉은 노을이 지고 있는 신석기 마을에 뿔고둥 소리가 메아리칩니다.

마을 회의가 열린다는 신호입니다. 함께 일하고 함께 나누며 사는 신석기 마을에서는 중요한 일이 생기면 마을 회의에서 의논하고 결정합니다. 회의에는 마을 사람들이 모두 참석합니다. 마을 앞 빈터에서 회의가 열렸습니다.

"촌장 어른! 다 모였습니다."

뿔고둥을 불던 젊은 남자가 사람 수를 센 뒤, 촌장한테 알립니다. 촌장은 태양을 보고 고래 사냥 시간을 알려 주던 바로 그 할아버지입니다. 준호와 세인이도 빈자리에 끼어 앉아 귀를 쫑긋 세우고 마을 회의를 엿듣습니다.

"오늘 회의는 신국이 아버지가 연 거네. 그러니 먼저 신국이 아버지

얘기부터 들어 보는 게 좋겠네."

촌장 할아버지의 말이 끝나자 신국이 아버지라는 사람이 일어섰습니다. 무섭게 화를 내던 바로 그 고래 사냥 대장입니다. 대장 옆에 한 청년이 고개를 숙인 채로 앉아 있습니다. 고래와 친구처럼 지내던 그 청년입니다. 고개를 숙이고 있었지만 준호는 그 형을 단번에 알아보았습니다.

"오늘도 고래 사냥은 실패하고 말았습니다. 벌써 몇 번째 실패인지 다들 잘 알고 계실 겁니다. 왜 우리가 고래 사냥을 나가기만 하면 고래가 흔적도 없이 사라져 버리는지 이제야 그 까닭을 알았습니다."

잠깐 말을 끊고 마을 사람들을 둘러보던 대장이 다시 말을 이어 갔습니다.

"바로 이놈입니다. 고래를 달아나게 하는 놈이, 제 아들 신국이가 틀림없습니다."

마을 사람들 눈길이 한꺼번에 고개를 숙이고 있는 그 청년한테로 쏠렸습니다. 준호 생각대로 그 청년 이름이 신국이었던 것입니다.

마을 사람들이 신국이 형을 바라보며 수군거립니다. 그때 촌장 할아버지가 분위기를 가라앉히려고 나섰습니다.

"신국이가 그랬다는 걸 어떻게 딱 잘라 말할 수 있나?"

촌장 할아버지의 말을 가만히 듣고 있던 마을 사람들이 고개를 끄덕입니다.

"신국아! 네가 말해 보아라. 고래 사냥을 못하게 쫓은 게 너더냐?"

촌장 할아버지가 신국이 형을 바라보며 대답을 기다립니다. 마을 사람들도 기다리는 것 같았지만, 형은 끝내 고개를 들지 못합니다.

"보십시오. 이 녀석은 거짓말을 못합니다. 비록 제가 애비로서는 못할 짓이지만 고래잡이 대장으로서 더 이상 용서할 수 없습니다. 이러다간 올 겨울 식량이 모자랄까 걱정스럽습니다. 오늘부터 이놈을 가두겠습니다. 반대하는 분 있습니까?"

대장은 마을 사람들의 의견을 묻기 전에 겨울 식량을 더욱 강조했습니다. 겨울 식량을 마련하는 문제는 마을의 생존이 걸린 중요한 문제입니다. 마을의 안위가 걸린 이상, 안타깝지만 촌장 할아버지도 더는 신국이 형을 감싸 줄 수 없는 것 같습니다. 그날, 신석기 마을 회의는 그렇게 끝나고, 신국이 형은 창고에 갇히고 말았습니다.

"오빠, 그만 일어나!"

세인이가 깨우는 소리에 준호는 눈을 떴습니다. 창고 뒤에서 깜빡 잠이 들었던 것입니다. 세인이도 눈을 비비고 있는 걸로 보아 조금 전에 깨어난 것 같습니다. 어느덧 휘영청 밝은 보름달이 떠올라 마을을 대낮처럼 밝혀 주는 늦은 밤입니다.

"지금도 지키고 있을까?"

"다시 한 번 가 보자."

살금살금 발소리를 죽여 가며 창고 앞으로 다가섰습니다. 앞장서 걷던 준호가 갑자기 움찔 하고 멈춰 섭니다. 하마터면 뒤따라오던 세인이랑 부딪칠 뻔했습니다.

"왜? 아직도 있어?"

"응."

세인이도 준호처럼 고개를 내밀고 창고 앞을 봅니다. 여전히 건장한 남자가 창고 앞을 가로막고 앉아 있습니다. 그런데 고개가 한쪽으로 점점 기울어집니다.

"잠든 것 같아."

"그래. 저 안에 들어가서 신국이 형을 만나 보자."

준호는 얼마나 이때가 오기를 기다렸는지 모릅니다. 정말 신국이 형이 고래를 달아나게 한 것인지, 그게 사실이라면 어떻게 고래와 이야기를 할 수 있는지, 이 모든 궁금증을 풀고 싶었지요. 그래서 세인이와 함께 초저녁부터 창고를 지키는 사람이 자리를 비우기를 기다렸는데, 통 자리를 떠나질 않았습니다. 그러다 지친 나머지 창고 뒤에서 잠이 들었던 것이지요.

세인이와 눈빛을 주고받은 준호는 조금 전보다 더 조심스럽게 창고 문 쪽으로 다가갑니다.

막 세 걸음쯤 옮겼을 땝니다. 찌그덕! 창고 문이 열리더니, 신국이 형이 고개를 내밀고 둘레를 살폈습니다. 준호와 마음이 통한 것일까요? 준호는 너무 반가운 나머지 '신국이 형!' 하고 소리칠 뻔했지 뭡니까.

하지만 살그머니 창고에서 나온 신국이 형은 준호 옆을 그냥 지나쳐 갑니다. 준호는 잠깐 섭섭한 마음이 들었습니다. 아차! 신국이 형은 우리를 볼 수 없지. 준호는 사슴이 일러 준 말을 깜박 잊었던 게 생각났습니다.

"어디로 가는 걸까?"

세인이의 물음에 준호는 아무런 대답이 없습니다. 그러자 세인이가 준호 옆구리를 쿡 찌르며 말했습니다.

"또 무슨 생각해!"

"미안."

서둘러 준호는 세인이 손을 붙잡고 바닷가로 달려갔습니다. 신국이 형이 다다른 곳은 낮에 고래와 이야기를 나누던 마을 뒤쪽 바닷가입니다. 달빛을 받은 신석기 마을의 밤바다는 눈부시게 아름답습니다. 잔잔한 물살 위로 달빛이 찰랑입니다.

"삐이! 삐이!"

신국이 형의 휘파람 소리가 채 끝나기도 전에 기다렸다는 듯 커다란 물기둥이 일어납니다. 곧이어 고래들이 물속에서 솟구쳐 오릅니다. 한 마리, 두 마리, 세 마리……, 헤아릴 수 없을 만큼 많습니다. 고래들이 무리 지어 신국이 형이 있는 곳으로 몰려옵니다. 물 위로 높이 솟아올랐다 떨어졌다 하는 게 마치 춤을 추는 것 같았습니다.

"신국이 오빠! 오빠는 고래랑 친구야?"

옆에 서서 지켜보던 세인이가 신국이 형을 바라보며 물었습니다. 깜짝 놀란 신국이 형이 세인이와 준호를 번갈아 봅니다.

"너희는 누구지?"

"형, 우리가 보여?"

"응."

고래가 일으킨 물기둥이 퍼지면서 몸에 묻은 것일까요? 준호 옷도 세인이 옷도 젖어 있습니다. 그래서 사슴의 마법이 풀렸나 봅니다. 처음에는 경계하는 눈빛이던 신국이 형은 준호와 세인이가 고래를 좋아하는 걸 알고 동생처럼 정겹게 대해 주었습니다.

"신국이 오빠, 고래를 다시 한 번 불러내 봐. 응?"

신국이 형은 고개를 끄덕인 뒤, 두 손을 모아 입에 대고 삐이 삐이 휘파람을 붑니다. 신호를 받은 고래들이 솟구쳐 오릅니다. 준호도 휘파람을 불어 봅니다. 하지만 피식 소리만 나고 맙니다. 고래를 부르는 휘파람도 아무나 불 수 있는 게 아닌 것 같습니다. 그때 세인이가 소리쳤습니다.

"저 물기둥 좀 봐요!"

"저건 참고래의 물기둥이야."

참고래의 모양은 준호도 잘 알고 있습니다. 생물도감에서 본 적이 있으니까요. 드디어 고래 한 마리가 물 위로 솟아오릅니다. 거의 수직으로 뛰어오르는 짙은 잿빛의 커다란 고래! 참고래가 틀림없습니다.

아주 가까운 거리라 참고래의 하얀 턱과 배가 뚜렷하게 보였으니까요.

"앗! 우리 머리 위로 떨어질 것 같아요."

세인이가 소리치며 달아납니다. 하지만 걱정 없다는 듯 신국이 형은 준호 손을 꼭 잡으며 안심시켜 줍니다. 참고래는 저만치 바다 위로 떨어지면서 커다란 꼬리로 물을 철썩 내리쳤습니다. 바닷물이 소용돌이를 일으킵니다.

"참고래가 뛰어오르는 모습은 정말 멋져요."

준호가 말했습니다.

"우리 꼬마 손님들이 운이 좋은걸. 참고래의 환영 인사를 다 받고."

어느새 세인이가 다가와 신국이 형 옆에 앉으며 되묻습니다.

"정말이에요? 저 고래가 우릴 환영한 거예요?"

신국이 형은 빙긋이 웃음으로 대답을 대신합니다.

"와! 저건 브이(V) 자 모양 물기둥이에요!"

세인이가 가리키는 쪽을 보니 물기둥 두 개가 솟구쳐 올라 브이 자 모양을 만들었습니다.

"저건 긴수염고래야."

"고래 종류에 따라 물기둥 모양이 다른가요?"

"맞아. 물기둥은 고래가 물 밖으로 나오면서 숨을 내쉴 때 생기거든. 사람이 코로 숨을 쉬는 것처럼, 고래는 머리 꼭대기에 있는 숨구멍으로 숨을 쉬지. 숨구멍이 하나인 고래도 있고, 둘인 고래도 있지. 그래서 저 긴수염고래처럼 숨구멍이 두 개 있는 고래는 물기둥도 두 개가 생기는 거야."

준호는 고래라면 척척박사인 신국이 형이 정말 멋져 보였습니다. 그런데 아까 마을 회의에서는 왜 고개만 숙인 채 아무 말도 못한 것일까요? 준호는 궁금증을 풀어야겠다고 생각했습니다.

"형! 궁금한 게 있는데요?"

"말해 봐."

"형이 고래를 달아나게 한 게 맞아요?"

준호의 물음에 신국이 형이 말없이 고개만 끄덕입니다.

"그럼 끼익 끼익 하는 소리가 달아나라는 신호였어요?"

"그래."

"우리 아빠는 애인을 구하는 신호라고 그랬는데?"

"그 말도 맞아. 짝을 구할 때도 그런 소리를 내."

신국이 형은 낮은 한숨을 내쉬며 하늘을 올려다봅니다. 왠지 슬픈 얼굴입니다. 준호는 그런 형의 마음을 이젠 알 것 같습니다. 형의 아버지는 고래잡이 대장이고, 형은 고래와 친구 사이니 신국이 형의 갈등이 얼마나 컸을지 짐작이 갑니다. 준호는 자기가 신국이 형의 처지였더라도 그렇게 했을 것 같습니다. 친구가 위험에 빠지는 것을 두고만 볼 수는 없는 일이니까요.

"오빠는 어떻게 고래와 친구가 되었어요?"

세인이가 큰 소리로 물었습니다. 준호도 그것을 막 물어보려던 참이었습니다.

"고래와 친구가 되는 법을 알고 싶으면 나를 따라올래?"

신국이 형이 바위에서 일어나며 말했습니다. 그러고는 준호와 세인이를 바닷물이 드나드는 동굴로 이끌었습니다.

먼저 신국이 형이 깜깜한 동굴 안으로 들어갔습니다. 조금 뒤 동굴 안에서 부스럭거리는 소리가 들리더니 이내 불빛이 보입니다.

"오빠가 불을 피웠나 봐."

"그래, 우리도 들어가 보자."

첨벙! 첨벙! 발을 옮길 때마다 바닷물이 정강이에 부딪칩니다. 동굴 안에 들어선 준호는 눈이 휘둥그레졌습니다. 신국이 형 앞에 새끼 고래

한 마리가 누워 있는 게 아닙니까.

"형, 이 고래는 왜 동굴에 있는 거예요?"

"치료하느라고. 작살에 꽂혀 다쳤거든."

안쓰러운 듯 신국이 형이 고래 등을 쓰다듬으며 말했습니다. 세인이도 고래 등을 만지며 이리저리 살펴봅니다. 그런데 상처는 안 보였습니다.

"이젠 다 나았어요?"

"안 그래도 오늘 밤에 바다로 보내 주려고 해."

고래를 보내려고 동굴 안에 있던 커다란 나무를 바닷물에 띄웠습니다. 신국이 형이 새끼 고래 등을 두드리자, 고래가 나무 위로 올라갑니다. 이제 동굴 밖으로 나무를 밀어 보내면 됩니다. 끙! 끙! 준호와 세인이도 힘껏 밀었습니다. 그렇게 새끼 고래는 바다로 나아갔습니다.

"고래가 헤엄치고 있어!"

바다로 돌아간 고래는 작별 인사라도 하듯 삐이, 삐이 휘파람 소리를 내고는 사라집니다. 삐이, 삐이! 신국이 형도 두 손을 입에 대고 휘파람을 붑니다. 이제 준호는 신국이 형이 고래와 어떻게 친구가 됐는지 알았습니다. 그동안 상처 입은 고래들을 치료해 주며 신국이 형은 고래와 친구가 되었던 것입니다. 준호는 가만히 신국이 형을 바라봅니다. 형의 커다란 눈동자에 고래 한 마리가 들어 있는 것처럼 보였습니다. 준호도 있는 힘을 다해 휘파람을 불어 봅니다. 삐이! 삐이!

역사스페셜박물관

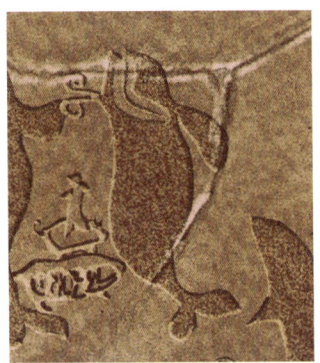

반구대 긴수염고래

반구대 바위 그림에는 고래가 물을 뿜어내는 모습도 새겨져 있습니다. 자세히 보면 고래 머리 쪽에 물기둥이 두 개 그려져 있는 것이 보이죠. 긴수염고래가 물을 뿜어내는 모습입니다. 이처럼 물기둥 모양을 보면 고래 종류를 알 수 있습니다.(사계절출판사)

반구대 향유고래

입이 뭉툭하게 그려진 이 고래는 향유고래입니다. 향유고래는 몸의 크기가 10미터나 되는 대왕오징어를 좋아하는데, 그렇게 큰 먹이를 먹으려면 입이 커야겠죠. 신석기 사람들은 그런 특징을 안 놓치고 바위 그림에 새겨 놓은 것입니다.(사계절출판사)

요것들로 날 잡는다고?

신석기 사람들이 고래잡이에 쓴 돌작살

이것은 신석기 시대 유적에서 발견된 작살을 복원한 것입니다. 날카로운 돌을 화살촉처럼 갈고 다듬어 만든 작살이지요. 지금도 인도네시아 원주민들은 이렇게 생긴 작살로 고래 사냥을 한답니다. 지금은 쇠로 만든 작살을 쓰지만 신석기 시대 사람들은 '돌'을 갈아서 작살을 만들었습니다.(부산박물관)

반구대 거북과 고래

맨 위에는 거북이 세 마리를 앞세우고 크고 작은 고래들이 위로 솟구치듯 올라오는 모습이 그려져 있죠. (사계절출판사)

반구대 어미 귀신고래

새끼를 등에 업은 어미 고래가 있습니다. 이 고래는 귀신고래입니다. 귀신고래는 성격이 온순하지만 새끼가 다치거나 죽으면 매우 사나워집니다. (사계절출판사)

반구대 흰긴수염고래

몸집이 큰 이 고래는 대왕고래라고도 합니다. 배에 나 있는 긴 줄무늬가 흰긴수염고래의 특징인데, 지구에 존재하는 동물 가운데 가장 몸집이 큰 고래입니다. (사계절출판사)

범고래의 공격

조용하던 신석기 마을이 시끌벅적해졌습니다. 여자들도 공방에 모여 날카로운 돌을 갈고 다듬어 작살을 만들었습니다. 힘센 남자들은 굴참나무 숲에서 커다란 통나무를 베어 날랐습니다. 쓱쓱! 쓱쓱! 뚝딱! 뚝딱! 통나무를 자르고 속을 파내는 소리가 신석기 마을에 울려 퍼졌습니다. 숲으로 공방으로 쫓아다니며 구경하느라 준호와 세인이도 바쁘기는 마찬가지입니다. 하지만 신국이 형 말고는 아무도 준호와 세인이의 존재를 모릅니다.

"왜 신국이 오빠를 다시 창고에 가둔 걸까?"

"곧 고래 사냥을 나갈 모양이야."

준호가 이렇게 생각하는 데는 까닭이 있습니다. 통나무배가 다 만들어지자 신국이 형을 다시 창고에 가두었기 때문입니다. 더구나 이번에 만든 통나무배는 신석기 마을에서 가장 큰 배입니다. 마을 분위기가 예

사롭지 않게 돌아가고 있었습니다.

　바람 한 점 없는 화창한 아침이었습니다. 뿌웅! 뽕! 뿔고둥 소리가 울리자 마을 사람들이 줄지어 어디론가 가고 있습니다. 준호와 세인이도 마을 사람들을 뒤따라갔습니다. 신석기 마을 사람들이 다다른 곳은 커다란 바위 절벽 앞이었습니다.

　"오빠, 여긴 우리 동네 반구대 계곡이랑 비슷한 것 같아."

　세인이가 준호한테 귓속말로 속삭였습니다. 준호는 두리번거리며 둘레를 둘러봅니다. 그러고 보니 세인이 말이 맞는 것 같습니다. 반구대 계곡에서 보았던 바로 그 바위 절벽입니다.

　'여기서 무엇을 하려는 것일까?'

　준호는 쪼그리고 앉아 마을 사람들을 지켜보았습니다. 촌장 할아버지가 바위 절벽 앞에 서서 절을 올립니다. 마을 사람들도 따라 합니다. 이어서 촌장이 바위를 보며 고래 사냥을 떠나는 남자들의 안전과 성공을 기원하는 기도를 올립니다.

　"오빠, 저 바위 좀 봐."

　세인이가 가리키는 바위에 반구대 계곡에서 본 것과 똑같은 그림들이 새겨져 있었습니다.

　"그런데 고래 그림은 없어."

　정말 이상한 일입니다. 촌장 할아버지가 기도를 올리는 바위에는 고래 그림만 없었습니다. 호랑이, 멧돼지, 사슴 같은 뭍짐승들은 똑같은 모습으로 그려져 있는데, 왜 고래 그림만 없는 걸까요? 준호는 그동안 깜박 잊고 있었던 바위 그림을 그린 화가를 찾아봐야겠다고 생각합니다. 어느덧 제사를 끝낸 마을 사람들이 돌아가고 있습니다.

"넌 여기를 지키고 있어. 바위 그림을 그린 화가가 여기에 올지도 모르니까."

"그럼 오빠는?"

"난 마을 사람들을 따라가서 찾아볼 테니까."

준호는 툴툴거리는 세인이만 남겨 두고 신석기 마을로 떠났습니다. 마을 어귀에 다다랐을 때, 벌써 남자들이 통나무배를 저어 바다로 나아가고 있었습니다. 고래잡이에 나선 통나무배는 모두 다섯 척이나 됩니다. 준호는 있는 힘을 다해 달렸습니다. 그러고는 바닷가에서 가장 커다랗고 높은 바위 위로 올라갔습니다. 바위 위에 서자 통나무배들이 한눈에 들어옵니다.

"고래다! 저기, 고래가 물을 뿜는다!"

통나무배에서 누군가가 소리쳤습니다. 그러자 통나무배들이 하나같이 물기둥이 솟구치는 쪽으로 노를 저어 갑니다. 재빠른 몸짓으로 노를 젓습니다. 더욱더 통나무배의 속도가 빨라집니다. 고래잡이 대장은 작살을 들고 있었습니다. 뱃머리에 서서 공격 기회가 오기만을 기다리고 있는 것 같습니다. 마침내 고래가 물 위로 모습을 드러냈습니다. 저건 범고래잖아! 준호는 신국이 형이 가르쳐 준 범고래 모습을 기억하고 있었습니다. 범고래는 다른 고래도 잡아먹는 무서운 놈입니다. 그래서 바다의 늑대로 통합니다.

"오빠, 아저씨가 작살을 던지려고 해!"

언제 왔는지 세인이가 준호 옆으로 올라오며 소리쳤습니다. 이때, 기회를 노리던 고래잡이 대장이 범고래 등 쪽으로 작살을 던졌습니다. 쉬익 소리를 내며 날아간 작살이 정확하게 범고래 등에 꽂혔습니다. 하지만 커다란 범고래를 쓰러뜨리기엔 어림도 없습니다. 작살에 맞은 범고래는 꼬리를 휘두르며 물 위로 내리칩니다. 그 바람에 통나무배 둘레에 엄청난 파도가 소용돌이쳤습니다.

"전속력으로 후진!"

아저씨들이 힘차게 노를 저어 상처 입은 범고래한테서 멀리 떨어져 나옵니다. 그사이에 범고래는 바다 속으로 들어가 버립니다. 후유, 다행이다! 준호는 자기도 모르게 한숨을 내쉬었습니다.

"오빠, 고래가 다시 물 위로 떠올라!"

범고래는 후진해서 빠져나오고 있던 통나무배 둘레에서 솟구쳐 올랐습니다. 갑자기 상황이 급박하게 바뀌었습니다. 범고래가 움직일 때마다 커다란 파도가 일어나 통나무배를 덮쳤습니다. 저러다간 통나무배가 뒤집히겠는걸! 준호는 온몸이 얼어붙는 것만 같았습니다. 세인이도 발을 동동 구르며 소리칩니다.

"아저씨, 위험해요. 빨리 달아나세요!"

작살에 맞은 범고래와 통나무배에 탄 아저씨가 목숨을 걸고 싸웁니다. 피를 흘리면서도 범고래는 사납게 통나무배를 공격합니다. 그때마다 통나무배는 아슬아슬 균형을 되찾습니다. 고래잡이 대장이 능숙한 솜씨로 통나무배의 중심을 잡고 다시 작살을 들었습니다. 그러고는 바닷속을 노려보았습니다.
　"어, 범고래가 없어졌어!"
　정말이었습니다. 작살 맞은 범고래가 감쪽같이 사라진 것입니다.

"범고래가 어디로 간 거지?"

세인이 말이 떨어지자마자, 대장이 탄 통나무배 쪽으로 커다란 물기둥이 솟구쳐 올랐습니다. 바다 속에 숨어 있던 범고래가 다시 공격해 온 것입니다. 범고래는 커다란 파도를 일으키며 통나무배 쪽으로 솟구쳐 올랐습니다. 그러고는 '쾅' 하는 소리와 함께 통나무배가 두 동강이 나고 말았습니다. 작살을 겨누고 있던 대장이 비명을 지르며 바다 속으로 곤두박질쳤습니다. 다른 통나무배에 있던 사람들이 물에 빠진 대장을 구하려

고 밧줄을 던졌고, 다른 배들은 작살 맞은 고래를 뒤쫓았습니다.

"아저씨를 구할 수 있겠지?"

"그럼. 반드시 구할 수 있을 거야."

준호는 조마조마한 마음을 애써 감추고 세인이 손을 꼭 잡았습니다. 동생의 손에서 아주 작은 떨림이 느껴집니다. 준호는 눈을 감고 마음속으로 기도합니다.

'살려 주세요! 대장님을 살려 주세요. 신국이 형 아버지를 꼭 살려 주세요!'

준호가 눈을 떴을 땐 통나무배들이 마을로 돌아오고 있었습니다. 고래 사냥에 나설 때는 다섯 척이었지만, 돌아올 때는 네 척뿐이었습니다. 마을에 남아 있던 사람들이 통나무배가 다다른 부둣가로 모여들었습니다. 준호는 바다 속에 빠졌던 대장이 배에서 내리기를 손꼽아 기다렸습니다. 그러나 끝내 대장은 안 보였습니다. 통나무배에서 내리는 사람들 얼굴은 하나같이 어두웠습니다. 고래와 목숨을 걸고 싸우다 바닷속에 빠진 대장을 끝내 구하지 못하고 가까스로 시신만 거두어 돌아오는 그들의 얼굴엔 비통함이 서려 있었습니다.

장례식을 치르는 동안 신석기 마을은 온통 슬픔에 젖어 있었습니다. 이번 고래 사냥에서 죽은 사람이 다섯이나 됩니다. 대장은 시신들 한가

운데 모셨습니다. 식구들이 슬피 울며 시신을 모신 무덤 안에 물건들을 놓아 둡니다. 신국이 형은 돌아가신 아버지 옆에 평소 아버지가 아끼던 작살을 놓았습니다. 그때 준호는 신국이 형의 눈에서 꾹 참고 있던 눈물이 뚝 하고 떨어지는 것을 보았습니다. 참고 또 참았지만 준호 볼에서도 눈물이 흐릅니다. 준호는 얼른 눈물을 닦고 세인이의 젖은 눈도 닦아 줍니다. 장례식이 끝나고 마을 사람들이 움집으로 돌아갔습니다. 하지만 신국이 형은 무덤 앞에서 떠날 줄을 모릅니다. 깊고 슬픈 눈빛으로 하염없이 무덤만 바라보고 있습니다.

역사스페셜 박물관

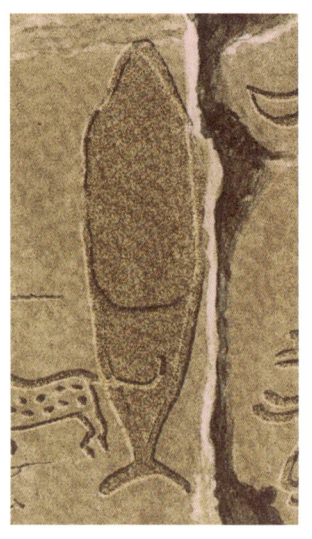

반구대 범고래

배가 하얗게 드러난 이 고래는 범고래입니다. 몸집도 8미터나 되고, 헤엄치는 속도도 엄청 빠르며, 다른 고래를 공격하기도 하는 무서운 녀석입니다. (사계절출판사)

어디, 보자.

반구대 고래잡이배

기다랗게 생긴 이 배는 스무 명쯤 탈 수 있다고 합니다. 보통 고래잡이는 이렇게 큰 배보다는 5~10명쯤 태운 배가 여러 척 같이 움직입니다. 그래서 이 그림은 고래잡이의 성공을 비는 배라고 보는 견해가 있습니다. (사계절출판사)

돌톱 (국립춘천박물관)
숫돌 (국립진주박물관)

통나무배를 만들 때 쓴 간석기 제작 도구

강원도 양양 오산리 유적에서 나온 돌톱과 경남 통영 연대도에서 나온 숫돌. 구석기 시대에는 돌을 때 내고 깨서 석기를 만들었지만, 신석기 시대에는 돌을 갈아서 날카로운 석기를 만들었습니다. 돌을 가는 기술은 석기 제작법에서 놀라운 변화였습니다.

복원한 신석기 시대 통나무배

이것이 신석기 시대에 복원한 통나무배입니다. 반구대 바위 그림에 나오는 통나무배와 배 모양 토기를 바탕으로 만든 것입니다. 통나무를 베어 그 속을 파내고 깎아서 만든 배입니다. 이런 통나무배는 뱃머리가 좁고 경사가 져 물살의 저항을 덜 받아 속력을 높일 수 있다고 합니다. 배 밑바닥이 유선형으로 되어 있어 빠른 회전도 할 수 있습니다.
(울산 문수축구경기장 전시실, 시몽포토에이전시)

용감한 고래 사냥꾼

벌써 며칠째인지 모릅니다. 신국이 형은 집 밖으로 안 나가고 움집 안에 틀어박혀 벽에 걸어 둔 작살만 바라봅니다. 마을 아줌마들이 맛있는 조밥을 놓고 갔지만 입에 대지도 않고 그대롭니다. 준호는 저러다 형이 쓰러질 것 같아 걱정입니다.

쉬익! 날아간 작살이 물 위로 떨어집니다. 별빛이 쏟아지는 한밤중 누군가 작살을 던지며 고래잡이 연습에 여념이 없습니다. 겨누고 던지고 내리꽂는 몸짓이 예사롭지 않습니다. 목표물은 바다에 띄워 놓은 널빤지입니다. 물살 위로 이리저리 떠다니는 널빤지 위에는 범고래가 그려져 있습니다. 이번에는 작살을 들고 널빤지 위로 뛰어내리며 범고래의 목을 내리꽂습니다. 바닷물로 풍덩 곤두박질치던 신국이 형은 몸에 매단 밧줄로 통나무배를 끌어당깁니다. 그러고는 다시 통나무배로 올라가 몇 번이고 같은 몸짓을 되풀이합니다.

"신국이 형!"

준호가 바위 위에서 불러 보지만 형은 못 듣습니다. 연습을 마친 신국이 형이 노를 저어 마을로 오는 기척에 준호는 재빨리 세인이가 잠들어 있는 움집으로 돌아와 자는 척합니다.

"올 겨울은 또 어떻게 나야 하나!"

어느덧 하얀 억새꽃이 활짝 핀 가을입니다. 신석기 마을은 벌써부터 겨울 식량을 마련하느라 바쁩니다. 아이들과 여자들은 굴참나무 숲에서 도토리를 따다가 커다란 토기 항아리에 모읍니다. 잡은 물고기도 움집 앞에 늘어놓고 말립니다. 텃밭에서 거둬들인 노란 조는 마을 공동 저장고에 넣어 둡니다.

"긴 겨울을 나려면 더 늦기 전에 고래를 잡아야 합니다."

"고래 기름도 다 떨어졌어요."

마을 남자들이 빈터에 모여 고래잡이를 의논합니다. 겨울을 나려면 고래 고기와 고래 기름이 꼭 있어야 합니다. 그래서 마을 남자들은 사고 난 뒤부터 멈추었던 고래잡이를 다시 하기로 결정했습니다. 고래가 먼 바다로 떠나기 전에 서둘러야 합니다.

"저도 고래잡이에 나가겠습니다!"

신국이 형이 작살을 들고 고래 사냥을 떠나는 남자들 앞에 나타났습니다. 모두 놀란 눈으로 신국이 형을 바라봅니다.

"한 가지 부탁이 있습니다."

"말해 보게나."

"우리의 목표는 범고래여야만 합니다. 다른 고래는 안 됩니다."

마을 남자들은 신국이 형의 마음을 알겠다는 듯 고개를 끄덕였습니다. 준호는 신국이 형한테 엄지손가락을 들어 북돋워 줍니다. 옆에 서 있던 세인이도 준호를 따라 합니다.

조금씩 고래잡이 통나무배가 바다로 나아갔습니다. 모두 일곱 척입니다. 신국이 형은 맨 앞에 선 통나무배에 타고 있습니다. 돌고래들이 통나무배를 따라 헤엄치고 있었지만 누구도 공격하지 않았습니다. 통나무배에 탄 사람들은 신국이 형의 신호에 따라 움직였습니다. 저 멀리 물기둥 두 개가 솟구쳤습니다. 긴수염고래의 물기둥입니다. 신국이 형은 다른 쪽으로 통나무배를 돌립니다. 범고래의 물기둥을 찾고 있는 것입니다. 바다 이쪽에서 저쪽 끝까지 노를 저어 가며 살펴보지만 범고래의 물기둥은 안 나타났습니다.

"이러다 날이 저물어 버리면 어떡하지?"

세인이는 바위 위에서 지켜보다 걱정을 쏟아놓습니다. 바로 그때였습니다. 저 멀리서 물기둥 하나가 솟구쳐 올랐습니다. 높이가 15미터쯤 되는 물기둥입니다. 저렇게 높은 물기둥을 만들어 내는 놈이라면 틀림없이 범고래일 것이라고 준호는 생각합니다.

"전속력으로 전진!"

아니나 다를까. 드디어 신국이 형의 사냥 신호가 떨어졌습니다. 통나무배들이 물기둥이 있는 쪽으로 빠르게 나아갑니다. 눈 깜짝할 사이에 물기둥과 통나무배의 거리가 차츰 좁아지더니 겨우 1미터쯤 되는 거리만큼 좁아졌습니다. 신국이 형은 작살을 들고 물기둥을 겨누고 있습니다. 마침내 범고래가 솟구쳐 오르는 순간, 신국이 형이 작살을 범고래 등에 내리꽂았습니다.

"전속력으로 후진!"

통나무배들이 힘차게 노를 저어 범고래한테서 멀리 떨어집니다. 범고래의 등에서 피가 솟구쳐 올랐습니다. 정확하게 범고래의 동맥이 있는 곳에 작살이 딱 꽂힌 것입니다. 하지만 마음놓기에는 이릅니다. 길이가 10미터나 되는 범고래가 몸부림칠 때마다 바닷물이 통나무배를 삼켜 버릴 것처럼 흔들립니다.

"역풍이다!"

바람이 갑자기 방향을 바꾸자 통나무배들이 휘청거렸습니다. 노를 힘껏 저어도 통나무배는 소용돌이 속을 빠져나오지 못합니다.

"오빠, 저러다 큰일 나겠어!"

세인이는 거의 울 듯합니다. 준호도 마음이 조마조마합니다. 그때 물속으로 들어갔던 범고래가 붉은 피로 물든 커다란 물기둥을 만들어 내며 솟구쳐 올랐습니다. 그리고는 통나무배 쪽으로 돌진합니다. 통나무배도 전속력으로 후진합니다. 하지만 맞바람 속에서 범고래를 따돌리기에는 힘겨워 보입니다. 더욱더 범고래가 통나무배에 가까워집니다.

"신국이 형이 작살을 들었어!"

범고래의 추격을 피해 달아나던 통나무배가 어느 순간 방향을 바꾸며 돕니다. 왜 갑자기 달아나다 말고 방향을 바꾼 것일까? 저러다 범고래와 부딪히면 어쩌려고 하는 것일까? 준호는 손에 땀이 흐릅니다. 그런데 곧 궁금증이 풀렸습니다.

범고래의 속력이 차츰차츰 떨어지고 있었습니다. 범고래가 지쳤다는 신호입니다. 신국이 형이 그때를 안 놓치고 뱃머리를 돌리게 지시한 것입니다.

몇 달 동안 밤바다에서 연습한 능숙한 솜씨로 신국이 형이 범고래 등에 두 번째 작살을 던졌습니다. 정확하게 범고래의 생명선인 동맥 위치에 꽂혔습니다. 고래의 동맥은 등 위에서 가로 세로 1미터인 곳입니다. 핏줄기가 범고래 등에서 솟구쳐 오릅니다.

그 사이에 신국이 형이 날렵하게 범고래 등에 뛰어올랐습니다. 그리고는 작살로 다시 한 번 범고래의 생명선을 공격합니다. 범고래의 숨통을 끊어 놓는 순간이었습니다. 마침내 신국이 형이 범고래를 잡는 데 성공한 것입니다.

역사스페셜박물관

부산 동삼동 조개더미에서 발견된 신석기 시대의 고래 뼈

이것은 동삼동 조개더미에서 발견된 고래 뼈입니다. 지름이 38센티미터나 되는 이 뼈는 고래의 척추 뼈마디로 밝혀졌습니다. 이 고래 뼈는 신석기 사람들이 고래 사냥을 했음을 알려 주는 증거입니다. (부산박물관)

어떻게 지금까지 고래 뼈가 남아 있을 수 있었을까요?

조개더미 사이에서 고래 뼈와 같은 동물 뼈는 특별한 보호를 받습니다. 비가 올 때마다 조개껍질 속에 들어 있던 칼슘이 녹아내려, 고래 뼈에 보태 줍니다. 칼슘 덕분에 알카리성이 강해진 땅에서는 규산이 흘러나와 얇은 막을 씌우는 효과를 내기 때문에, 신석기 시대의 고래 뼈가 지금까지 남아 있는 것입니다.

한반도에서 고래 뼈 발견 지역

우리나라 신석기 시대 조개더미 유적에서 고래 뼈가 발견된 곳은 열세 곳입니다. 발굴 지역을 보면 고래 뼈는 주로 동남 해안에서 발견된 것을 알 수 있습니다. 이것으로 신석기 시대 고래잡이가 동남 해안에서 이뤄진 것을 알 수 있지요. 울산 앞바다는 지금도 우리나라의 대표 고래 어장으로 알려져 있습니다.

고래 사냥의 역사를 바위에 새기다!

구름 한 점 없는 맑은 날입니다. 호랑나비 한 마리가 마을 뒷산의 무덤 위를 날아다닙니다. 무덤 앞에는 범고래 뼈가 놓였습니다. 신국이 형이 아버지의 무덤에 범고래 뼈를 바치고 절을 올립니다. 그러고는 아무 말 없이 앉아서 아버지 무덤을 바라봅니다. 준호는 신국이 형이 아버지와 무슨 이야기를 나누고 있을지 궁금합니다. 준호 생각에는 범고래를 잡았을 때의 이야기를 들려주는 것 같습니다.

무덤 위를 맴돌던 호랑나비가 신국이 형의 머리 위로 내려앉습니다. 아빠가 칭찬을 할 때 머리를 쓰다듬어 주는 것처럼 호랑나비가 신국이 형 머리 위에서 팔랑입니다.

"꽝! 꽝! 꽝!"

돌 깨는 소리가 반구대 계곡 쪽에서 울려 퍼졌습니다.

준호와 세인이는 돌 깨는 소리를 따라 반구대 계곡으로 달려갑니다.

누군가 바위 절벽 앞에서 망치로 두드리고 있는 모습이 보입니다.

"신국이 형이다!"

준호가 숨을 헐떡이며 말했습니다. 계곡에 와 보니 신국이 형이 망치와 돌자귀로 바위 면을 쪼아 내고 있었습니다. 준호가 불러도 대답이 없습니다. 준호는 좀 더 가까이 다가섭니다. 바위를 쪼아서 무엇을 하려는 것인지 살펴보려는 것입니다.

그런데 이게 웬일입니까? 신국이 형이 돌자귀로 쪼아 내고 깎아 내며 새겨 나가는 것은 고래 그림이었습니다. 고래 떼가 무리 지어 헤엄치는 그림입니다. 물기둥을 일으키며 솟구쳐 오르는 그림도 있습니다. 새끼 고래를 등에 업고 헤엄치는 어미 고래도 새겨 넣습니다. 귀신고래입니다. 그동안 신국이 형이 보았던 고래의 모양과 특징을 모두 새겨 놓았습니다.

마지막으로 신국이 형은 통나무배를 타고 고래 사냥을 나서는 아버지 모습을 새겼습니다. 작살을 들고 있는 멋진 모습입니다. 그 옆으로 작살 꽂힌 고래를 새기는 것도 잊지 않았습니다. 뭍짐승만 새겨져 있던 바위 면에는 그렇게 해서 고래 그림이 빼곡히 조각되어 갔습니다.

그러니까 지금까지 찾고 있던 바위 그림을 그린 화가가 바로 신국이 형이었던 것입니다. 비로소 준호와 세인이가 궁금해하던 모든 것이 풀렸습니다.

"준호 왔구나!"

신국이 형은 준호가 바위 그림을 보고 있는 것을 알아차렸습니다. 사슴의 마법이 풀린 것일까? 준호는 세인이를, 세인이는 준호를 바라봅니다. 하지만 몸에 물이 묻은 것도 아닙니다.

"형! 우리가 보여?"

"안 보여도 알 수 있어."

"어떻게 알았어?"

"너희와 있으면 싱싱한 바다 냄새가 나거든."

신국이 형이 바위 그림을 바라보며 말했습니다. 준호도 신국이 형과 나란히 바위 그림 앞에 섰습니다.

"형! 이 바위 그림에 신석기 마을의 역사가 다 있는 셈이네."

"돌아가신 아버지의 역사이기도 해."

눈부신 햇살이 바위를 비추었습니다. 햇살이 바위 그림에 닿자 신국이 형이 새겨 놓은 고래들이 꿈틀거리는 것 같았습니다. 작살을 든 신국이 형의 아버지도 흐뭇하게 웃고 있는 것 같습니다.

준호는 바위에 새겨진 그림들을 어루만져 봅니다. 신국이 형의 고래 그림부터 시작해서 사슴 그림까지 천천히 천천히!

그때, 빛의 회오리가 준호와 세인이를 휘감습니다. 손을 흔들고 있는 신국이 형한테서 차츰차츰 멀어집니다.

삶의 기록, 시간의 기록!

"준호야! 어디 있어? 세인아!"

저 멀리서 들리는 외할머니 소리에 준호는 눈을 떴습니다. 세인이도 일어나 둘레를 둘러보고 있습니다. 어느새 반구대 바위 그림이 있는 곳입니다.

"오빠, 우리가 돌아왔나 봐?"

준호는 바위 그림을 다시 한 번 바라봅니다. 그 위로 신국이 형의 얼굴이 겹쳐져 보입니다. 떠나올 때처럼 하얀 웃음을 머금고 손을 흔들고 있는 것 같습니다.

"신국이 오빠를 또 만날 수 있을까?"

세인이도 준호와 같은 생각을 했나 봅니다.

"아마도. 우리가 간절히 바라면."

"휴. 다시는 못 보면 어떡하나 했는데."

"걱정 마. 바위 그림 속 사슴이 언제든 신석기 마을로 데려다 줄 거야."

준호는 신석기 마을 이야기를 간직한 반구대 바위 그림이 소중하게 느껴집니다. 먼 옛날 고래잡이를 하고 살았던 신석기 사람들의 삶과 우리를 이어 주고 있으니까요.

"오빠, 할머니가 오시기 전에 여기를 빠져 나가자!"

"알았어! 참, 오늘 우리가 모험한 것은 비밀이야!"

준호와 세인이는 신석기 마을로 안내해 준 반구대 바위 그림 앞에서 손가락을 걸고 약속합니다. 두 사람만 아는 신 나는 비밀이 생겼습니다.

새로운 문명의 역사 신석기 시대는?

물고기를 잡는 낚시와 그물. 먼 바다로 나아갈 수 있게 하는 배. 음식을 끓이고 조리하는 그릇. 씨앗을 뿌리고 거둬들이는 농사짓기. 지금까지 우리가 쓰는 이 모든 것이 신석기 시대에서 시작됐습니다.

구석기에서 신석기 시대로 넘어간 것은 1만 2천 년 전쯤입니다. 추운 빙하기가 끝나면서 자연 환경이 크게 바뀌었습니다. 날씨가 따뜻해지자 북쪽의 얼음이 녹아내려 강물과 바닷물이 불어났어요. 그때 중국과 한반도 사이에 서해가 생기고, 한반도와 일본 사이에는 대한 해협이 생겼지요. 원래는 중국과 한반도, 일본 땅이 하나로 이어져 있었거든요.

지혜로운 신석기 사람들은 새로운 환경에 적응하면서 더욱더 편리한 도구를 만들었습니다. 이전까지는 돌멩이를 그냥 깨뜨려 썼지만, 이제는 쓰임새와 모양까지 생각해 갈아서 만들었습니다. 돌을 갈아서 만든 도구를 '간석기'라고 합니다.

날카롭고 강한 새로운 도구로 신석기 시대 사람들은 낚시도 만들고, 그물도 만들었습니다. 나무를 베어서 배도 만들었고요. 그렇게 해서 먼 바다로 나아가 고래 사냥도 했습니다.

집을 지을 줄도 알았습니다. 구석기 시대 사람들처럼 동굴을 집으로 삼은 것이 아닙니다. 신석기 사람들은 땅을 파고 단단한 나무로 기둥과 서까래를 세운 다음 갈대나 풀을 엮어서 얹어 지붕을 만들었지요. 이런 신석기 시대 집을 움집이라고 합니다.

그릇도 만들었습니다. 흙으로 만든 토기입니다. 신석기 시대의 토기

에는 일찍부터 써 온 덧무늬 토기와 빗살무늬 토기가 있습니다. 우리나라 신석기 시대를 대표하는 빗살무늬 토기는 겉면에 빗살 모양의 무늬를 새겨 넣어 만든 것입니다.

토기가 생기자 여러 가지 요리도 할 수 있게 되었습니다. 물과 곡물 가루를 넣고 끓이고 졸이는 여러 방법으로 요리를 할 수 있게 된 것이지요. 이렇게 해서 신석기 사람들의 밥상은 더 풍요로워졌습니다.

뭐니 뭐니 해도 신석기 시대 사람들의 가장 위대한 업적은 농사짓기입니다. 그동안은 산과 들을 떠돌면서 열매를 따고, 사냥하고, 물고기를 잡으며 자연에 기대어 살았습니다. 그런데 신석기 사람들은 자연을 써서 씨를 뿌리고 가꾸어 먹을거리를 생산하게 된 것입니다. 지구에서 농사짓기가 처음으로 시작된 것은 7천 년 전쯤이라고 합니다.

농사짓기는 인류 역사를 크게 바꾸었습니다. 먹을 것을 찾아 여기저기 떠돌 일이 없어졌습니다. 농사를 짓고 거둬들이려면 한곳에 머물러야 하니까요. 이렇게 해서 집을 짓고 마을을 이루고 사는 정착 생활이 시작된 것입니다.

역사 스페셜 작가들이 쓴 이야기 한국사 2
새로운 문명의 시대 신석기 마을의 고래 사냥

글 정종숙 | 그림 오승민

초판 1쇄 펴낸날 2006년 12월 1일 | **초판 13쇄 펴낸날** 2021년 1월 22일
펴낸이 조은희 | **편집장** 한해숙 | **기획·편집** 네사람
디자인책임 하늘·민 | **디자인** 최성수, 최금옥 | **사진진행** 시몽포토에이전시
마케팅 박영준, 한지훈 | **온라인 마케팅** 정보영 | **경영지원** 김효순 | **제작** 정영조, 강명주
펴낸곳 ㈜한솔수북 | **출판 등록** 제 2013-000276호 | **주소** 03996 서울시 마포구 월드컵로 96 영훈빌딩 5층
전화 02-2001-5823(편집), 02-2001-5828(영업) | **전송** 02-2060-0108 | **전자우편** isoobook@eduhansol.co.kr
블로그 blog.naver.com/hsoobook | **인스타그램** soobook2 | **페이스북** soobook2
ISBN 979-11-7028-464-2 73910 | **ISBN** 979-11-7028-461-1(세트)

어린이제품안전특별법에 의한 제품 표시
품명 아동 도서 | **사용연령** 만 8세 이상 어린이 제품 | **제조국** 대한민국 | **제조자명** ㈜한솔수북 | **제조년월** 2021년 22월

ⓒ 2006 정종숙 ·네사람·㈜한솔수북
※ 저작권법으로 보호받는 저작물이므로 저작권자의 서명 동의 없이 다른 곳에 옮겨 싣거나 베껴 쓸 수 없으며 전산장치에 저장할 수 없습니다.
※ 값은 뒤표지에 있습니다.

 한솔수북의 모든 책은 아이의 눈, 엄마의 마음으로 만듭니다.